BEI GRIN MACHT SICH IHR WISSEN BEZAHLT

- Wir veröffentlichen Ihre Hausarbeit,
  Bachelor- und Masterarbeit

- Ihr eigenes eBook und Buch -
  weltweit in allen wichtigen Shops

- Verdienen Sie an jedem Verkauf

Jetzt bei www.GRIN.com hochladen und kostenlos publizieren

Jeanne Fischer

Weibliche Verknüpfungen und männliche Macht in Geraldine Hengs "Feminine Knots and the Other. Sir Gawain and the Green Knight"

GRIN Verlag

Bibliografische Information der Deutschen Nationalbibliothek:

Die Deutsche Bibliothek verzeichnet diese Publikation in der Deutschen National-
bibliografie; detaillierte bibliografische Daten sind im Internet über http://dnb.d-
nb.de/ abrufbar.

Impressum:

Copyright © 2007 GRIN Verlag GmbH
Druck und Bindung: Books on Demand GmbH, Norderstedt Germany
ISBN: 978-3-656-54222-3

Freie Universität Berlin

Institut für Englische Philologie

WS 2000 / 2001

PS / Ü 17304: Sir Gawain and the Green Knight

Weibliche Verknüpfungen und männliche Macht

In Geraldine Hengs

"Feminine Knots and the Other.

Sir Gawain and the Green Knight"

Vorgelegt von:

B.- Jeanne Fischer

September 2007

In ihrer literaturtheoretischen Einführung zu ihrem Aufsatz *Feminine Knots and the Other -* *Sir Gawain and the Green Knight* stellt Geraldine Heng folgende These an den Anfang: "Because analysis is invariably partial (that is, both incomplete and discursively inflected), traversed like the textwork it questions (and through which it is questioned) by its own unthought and unsaid (...) the impossibility of mastery must be acknowledged." (Heng, S.500-1).

Hiermit überführt sie Derek Brewers affirmative Analyse von 1976 der literaturtheoretischen Sackgasse: hatte er doch in *"Interpretation"* [1] festgestellt, [that] *Sir Gawain and the Green Knight* "is self-evidently the story of Gawain: Morgan and Guinevere are marginal, whatever their significance to Gawain....[T]he protagonist is central, and all must be interpreted in relation to his interests"[2].

Aus heutiger (literaturwissenschaftlicher) Sicht ist Hengs obiger Ansatz sicherlich unbestritten; wird doch darin grundsätzlich die Möglichkeit einer allumfassenden und endgültigen Texterschließung als Voraussetzung jedes neuen Versuchs, einem Text durch Deutung gerecht zu werden, negiert. Positiv ausgedrückt: nur, wenn wir uns von vorneherein klar machen, dass ein Text ein so vielschichtiges Gewebe ist, dass noch nicht einmal der Autor ihn in seiner Bedeutungspluralität vollständig „beherrscht", dadurch, dass er ihn verfasst, sondern der Text immer eine Eigenleben bekommt, sobald er– und das ist er immer– in Sprache gesetzt wird. Die Vieldeutigkeit der Sprache erfindet den Literaturwissenschaftler.

Die affirmative Aussage Brewers, dass „selbstverständlich" *Sir Gawain and the Green Knight* die Geschichte Gawains ist, ist nicht nur aus feministischem Blickwinkel zu kurz gegriffen. Geraldine Heng formuliert in ihrem obigen Aufsatz eine Antithese zur provokativen These Brewers, dass Morgan La Fay und Guinevere von „marginaler" Bedeutung seien, welche Bedeutung auch immer sie für Gawain hätten. Heng untersucht in "Feminine Knots" die Bedeutung von vier weiblichen Einflüssen, von denen Brewer zumindest zwei als „marginal" bezeichnet hatte: Morgan La Fay, Guinevere, die Lady und die Jungfrau Maria. Drei der vier Frauen erscheinen entweder übergeordnet/ spirituell (Maria) oder treten nur kurz physisch in Erscheinung (Morgan und Guinevere); die geheimnisvolle „Lady" am Hofe des unbekannten Ritters (Bertilak) und gleichzeitig dessen Frau, ist die einzige dynamisch in den Handlungsverlauf um Gawain eingebundene. Diese Frauengestalten

---

[1] Derek Brewer, "The Interpretation of Dream, Folktale and Romance with Special Reference to *Sir Gawain and the Green Knight*". *Neuphilologische Miteilungen* 77 (1976): 569-81. Zitiert in: Heng, *Feminine Knots*, PMLA – New York, N.Y.: 1991. S.500
[2] Ebd.

symbolisieren vier dem Weiblichen oft klischeehaft zugesprochenen Wesenseinheiten: Magie (Morgan), Heiligkeit /Unschuld (Jungfrau Maria), Hoheit (Guinevere)[3] und sexuelle Verführung (Lady Bertilak).

Geraldine Heng untersucht in ihrem Aufsatz eine übergeordnete weibliche „Verknüpfung" jener vier Frauengestalten, die von außen die Handlung zunächst iniziieren, beeinflussen und lenken. Laut Heng sind die Frauengestalten und *Das Weibliche* in *SGGK* nicht nur nicht von marginaler Bedeutung, sondern sinn- und handlungsstiftend sowie -lenkend. Wie ein Netz, dessen Knotenpunkte (weibliche) Verknüpfungspunkte im Sinne einer jeweils erforderlichen (Handlungs-)Machtübergabe symbolisieren, sieht Heng den Protagonisten als (Spiel-)Figur weiblicher Macht- Rache- oder Lustphantasien. Der sich den Annäherungen der Lady zunächst auf höfisch Weise, späterhin immer ungehobelter– weil immer mehr in die Enge getrieben- entziehende Gawain wird endlich durch das Versprechen, dass dem grünen Gürtel eine lebensrettende Magie innewohne, zur Annahme des Geschenks bewegt. Der Gürtel, offiziell ein Liebessymbol („luv-lace"), wird in dem Moment zum sexuellen Symbol, in dem Gawain der Lady verspricht, dieses Geschenk vor ihrem Gatten zu verbergen:

ᴨenne he ᴨulged with hir ᴨrepe and ᴨoled hir to speke.

And ho bere on hym ᴨe belt and bede hit hym swy ᴨ he-

And he granted – and hym gaſe with a goud wylle,

And biso₃t hym , for hir sake, disceuer hit neuer,

Bot to lelly layne fro hir lorde; ᴨe leude hym acorde₃

ᴨat neuer wy₃e schulde hit wyt, iwysse, bot ᴨay twayne

for no₃te.[4]

Bei der Annahme des Gürtels, um die Lady nicht unhöfisch abzuweisen, vor allem aber, um sein Leben zu retten, unterliegt Gawain nun laut Heng einem gravierenden und folgenschweren Missverständnis: genau in dem Moment, in dem sich die lüsterne Lady schon von ihm abgewandt hat, wird der grüne Gürtel zum *Corpus delicti* Gawains Verfehlung, zum Instrument seiner Überführung:

---

[3] Es wird angenommen, dass Guinevere mit Gawain eine Liebesaffaire hatte.
[4] *Sir Gawain and the Green Knight,* Reclam, Stuttgart: 1998. 1859-65.

3

"...the desire Gawain believes to be his own becomes annexed to that of the Lady, the Other – and functions, thereupon, as the deflected-reflected form of the other's desire. The apparent integrity of Gawain's will, carefully maintained through all his encounters with the Lady, also proves to be an illusion, since his will exists here only as a mirrored sliver of the will of the other to which he has become acomplice. The girdle is then the join at which two registers of desire meet, the junction of a triumphant capture."[5]

Hengs Bogen femininer Verknüpfungen, den sie als niemals ganz geschlossen, niemals ein Ende erreichendes, eher unendliches Netzwerk aus Verknüpfungen und gelösten Verknüpfungen entwirft, setzt nach ihrer Lesart bei der weiblichen Magierin, bei Morgan La Fay, ein. Sie beauftragt Bertilak, als Grüner Ritter am Artushof zu erscheinen, Guinevere zu Tode zu erschrecken und die Tugend des Artushofes auf die Probe zu stellen.

Guineveres Reaktion wird dem Leser nur mittelbar mitgeteilt durch die „höfisch galanten" Worte, die König Artus zu ihrer Beruhigung an sie richtet:

> "'Dere dame, to-day demay yow neuer;
> Wel bycommes such craft vpon Cristmasse,... '"[6]

Wenn auch die Morgan unterstellte weibliche Eifersüchtelei hier keine große Wirkung zeigt, so ist das Abenteuer, die *Quest,* die Gawain zu bewältigen hat, damit iniziiert. Heng spannt den Bogen weiter über die Symbolik des Pentagramms, das seinen Schild ziert und das den Ritter symbolisiert in seinen fünf Tugenden: fraunchyse (Edelmut), fela₃schyp (unbegrenzte Nächstenliebe), clannes (Reinheit), cortaysye (Höfischkeit) und pité (grenzenloses Mitleid) und dessen Strecken sich fortsetzen, eine in die andere übergehen und nirgendwo ein Ende haben. Die Innenseite seines Schildes stellt die Jungfrau Maria dar, deren fünf Freuden, die sie an ihrem Kind hatte, Gawains Mut konstituieren.

"The pentangle hypothesis is thus a metaphysical statement of presence, the presence of a fully confirmed and locatable identity in a ground of ultimate reference. It stands, moreover, for an aspiration, a psychic yearning that takes up and reenacts an archaic, preoedipal moment of fantasmatic plentitude – the moment of presubjectal infancy, where loss and uncertainty, division, are still absent – since it leads back inexorably, umbilically.

---

[5] Heng, *Feminine Knots,* S. 506.
[6] *SGGK,* 470-71

Via the route of an uncut knot, the pentangle, to the (divine) mother whose image appears on the other side, "[i]n ƿe inore half" ".[7]

Das Weiblich-Heilige wird hier zum Sinnbild für die frühkindliche Einheit mit der Welt, die Sehnsucht nach Un-Ausgestoßensein. Es ist die passive Überordnung der Maria als weibliches Idol. Lady Bertilak hingegen wird in ihrem sinnlichen Liebeswerben von Gawain zwar im Rahmen der höfischen Ordnung adäquat abgewiesen, diese Verschmähung ist es jedoch schließlich, die Gawain gefährlich wird und zu seiner Verfehlung führt: die höf(l)i(s)che Zurückweisung der um Liebe buhlenden Lady und damit einher gehende Annahme des Liebesgürtels führt zu Gawains Verfehlungen couardise (Feigheit) und couetyse (Begierde), die ihn zu der berüchtigten misogynen „Hasstirade" treibt (2413-2426).

Wenn nun bis zu diesem Punkt gesagt wurde, dass die Weichen Gawains und seiner *Quest* von Frauen gestellt werden, so darf , so meine ich, hier nicht übersehen werden, dass es nicht Lady Bertilaks eigene fremdgeherische Initiative ist, die die Verführung Gawains plant. Immerhin ist es ihr Gatte selbst, Bertilak, der sie dazu veranlasst. Diesen maßgeblichen Punkt übergeht Heng geschickt, indem sie das Ende, die Auflösung der Verführung, wieder zu Morgan, zum Anfang, zurückführt, was ein sehr eleganter Bogenschlag ist. Lady Bertilak ist hier die Ausführende ihres Herrn, und selbst, wenn Gawains Schönheit und Anziehungskraft sich mit der Beschreibung, die wir von ihm erhalten, decken sollte, so liegt es nicht in Lady Bertilaks Machtbefugnis zu wählen. Die Frau ist hier also nicht die, die die Fäden in der Hand hat und lenkt, sondern die, die traditionell verknüpft wird, die die passive Rolle annimmt, annehmen muss.

Der Bogen zu Morgan, den Heng schlägt, ist also nicht ganz ungebrochen, doch entwirft er ein schönes Bild der "never ending story of a sign (pentacle, girdle)" und öffnet den Blick auf das Gewebe eines *feminine texts* : "the girdle is organized around a break (a girdle, by definition, can only be built around an imperfect knot, whose provisionality holds open the possibility of continued use)"[8]

Doch passt ins Bild, dass auch die Wiederherstellung der (männlichen) Ordung am Artushof nicht ungebrochen zu sein scheint: Gawains Trauer und Scham wird vom übrigen Hof im Wortsinne „verlacht", heruntergespielt. Er jedoch wird dadurch nicht getröstet. Es ist, als sei die Hofgesellschaft unverändert, als habe Gawain aber durch die *Quest* eine innere

---

[7] Heng, *Feminine Knots*, S.504
[8] Heng, *Feminine Knots*, S. 508-9.

Entwicklung durchlaufen - seine Unschuld verloren; eine Individuation erfahren, die ihn abgrenzt von dem sozialen Gefüge der anderen Ritter - und die ihren Ausdruck im Lachen findet.